o livro do gozo
Jessica Ziegler de Andrade

cacha
lote

o livro do gozo

Jessica Ziegler de Andrade

I. *Góos*

nudez inesperada	25
o que custa a morrer	26
um dia, cidades femininas	27
primavera embaixo da terra	29
in memoriam	30
não se pode cheirar um morto	31
não se pode olhar um morto	32
flor mexida	33
eu e o morto	34
fogo no olho	35
paixão	36
cirúrgico	37
nome	38
ventre	39

II. *Mergulhos*

mar de morte e gozo	45
exploração	46
mar de mármara	47
meridiano	48
sede	49
ponto euxino	50
yawalapiti	51
o mar	52

a saudade em espuma	53
ventre molhado	54
mergulho	55
mar dos sargaços	57
um gozo é um barco	58
arauto do mar bravo	59

III. *jouissance*

aínigma (a palavra)	65
o orgasmo cintila	66
o orgasmo pulsa	67
orvalho e gozo	68
o orgasmo pelo rio	69
no princípio era...	70
orgasmo lírico	71
gozo em espiral	72
suba	73
o orgasmo segundo as tupinambás	74
no olho de vênus	75
gozos nas alturas	76
o gozo é aberto	77
o leite	78
testemunho do gozo	79
orgasmo e susto	80
orgasmo fora de órbita	81

gozos pelos ares	82
orgasmo e sopro	83
orgasmo da deusa	84
orgasmo primordial	85
o fruto gozo	86
o orgasmo é raro	87
devo o mundo ao gozo	88
outra vez a mordida	89
entrada cósmica	90
tentação	91
ao fruto	92
incontinente	93
brinquedo	95
ou me importo	96
parto de risco	97
uma lua vermelha para herberto helder	98
anelar	99
mamelouca	100

APRESENTAÇÃO por Nuno Rau	9
PREFÁCIO por Aline Aimée	15
POSFÁCIO por Milene Costa	107

> *E vi o que o homem pensou ver!*
> Arthur Rimbaud

Os enlaces entre as pulsões do corpo e dimensões daquilo que é comumente chamado por vida espiritual são antigos e recorrentes na cultura ocidental: poetas provençais já falavam sobre a mais alta recompensa do amor, uma misteriosa exaltação, ao mesmo tempo física e espiritual, por eles chamada de *joi*. Mesmo uma leitura rápida do livro que temos em nossas mãos agora mostra que ele foi escrito sobre a fissura que tal enlace articula, habitando simultaneamente os dois lados da experiência humana.

Dentro da mesma perspectiva, algo na poesia de Jessica Ziegler de Andrade opera com arquétipos temáticos. Podemos aqui pensar em outros(as) poetas que também o fizeram, como Manuel Bandeira, Sofia de Mello Breyner, Hilda Hilst, e Adélia Prado, para ficar em não muitos exemplos. Esses arquétipos são como motivos que, por referirem aspectos fundamentais da experiência humana, são recorrentes ao longo dos séculos com impressionante uniformidade mesmo em face de suas inúmeras variações. Como apontou o crítico Northrop Frye, todo(a) autor(a) carrega uma mitologia particular que dá causa ao tecer de materiais temáticos reincidentes, de modo consciente ou não. Comprovação disso seria que mesmo artistas das vanguardas históricas, que, se analisadas superficialmente, seriam tão somente vinculadas ao novo, à descontinuidade e ao novo, não escaparam dessa característica. A poeta de *O livro do gozo* escreve sob aquilo que, nos mitos gregos, foi desenhado como a oposição entre os deuses Eros e Thânatos. Mas como isso se apresenta?

Se, como disse Ernst Cassirer, *a linguagem e o mito se acham originalmente em correlação indissolúvel, da qual só aos poucos cada um vai se desprendendo como membro independente, e ambos são ramos diversos do mesmo impulso de informação simbólica, que brota [...] da elaboração espiritual, da concentração e elevação da simples percepção sensorial,* constituindo a solução de uma tensão interna universal, a poesia é um dos *loci* privilegiados em que essa correlação se manifesta. Para não termos dúvidas disso poderíamos ler Safo de Lesbos, que, de modo nada fortuito, comparece na epígrafe da primeira parte do livro, *Góos.*

Percorrendo o caminho que vincula linguagem, mito e experiência, Lacan afirma que *algo no aparato do corpo é estruturado da mesma maneira como o inconsciente,* assim como já afirmara que *o inconsciente é estruturado como linguagem,* porque ela é essencial para a vida do espírito, ela está antes do sujeito, é estruturante dele, e mais: é só por seu intermédio que dotamos o mundo de significado. Existe, assim, uma relação entre o gozo e o significante: são distintos, estanques, mas se relacionam. O problema seria o modo como o gozo se conecta ao significante nos remete a questões políticas, porque o gozo pode ser resultado, mas também pode ser uma imposição, um imperativo social (como hoje é em nosso mundo, ao menos para os que não são deserdados por inteiro). Essa forma imperativa constitui o gozo como uma satisfação excedente, um desperdício, que ocupa o mesmo lugar da perda do objeto, do luto, e tudo isso fundado na linguagem.

Linguagem, mito, inconsciente, gozo. No bojo dessa tensão interna universal, erotismo e misticismo são fenômenos na poesia que caminharam de mãos dadas tempo afora – para não recuarmos muito, temos em Manuel Bandeira exemplos claros, *Alumbramento e Balada de Santa Maria Egipcíaca* – e como nos aponta Octavio Paz, se, por um lado, a poesia é o testemunho dos sentidos – um testemunho verídico, porque captura e descreve, dos fenômenos, o que é visível, audível e palpável —, por outro o poema nos mostraria o que não podemos abarcar com os sentidos, ou seja, com o corpo. Segundo ele, a poesia *nos faz tocar o impalpável e escutar a maré do silêncio cobrindo uma paisagem devastada pela insônia*. A chave desta última afirmação esta na *paisagem devastada pela insônia*. Que paisagem? E que insônia? A insônia aqui representa o extremo oposto do sono que permite o sonho, a imaginação, mesmos territórios da experiência mística – a devastação é a impossibilidade da fabulação do sonho. A paisagem é nossa vida.

Ou seja, o arco dessa constatação nos comprova e nos põe de novo diante da articulação entre erotismo e misticismo pela via da poesia, e os modos como tais polos estão vinculados à linguagem, ainda que na poesia contemporânea observemos uma escrita mais colada às questões sociais e políticas, num diálogo com o mundo que se debruça sobre o que sobrou depois do esfacelamento das utopias. No entanto, não estar localizada dentro de tais margens não implica numa não contemporaneidade da escrita. Se, como afirma Agamben, é tanto mais contemporâneo quem não coincide exatamente com sua época, quem com ela guarda uma relação de dissociação e anacronismo. É isso que podemos ver na poesia de *O livro do gozo*. Tais traços podem ser constatados pelas epígrafes das três partes do livro. A primeira, como mencionado, abre com um verso de Safo de Lesbos. A segunda e a terceira parecem situar uma relação da poesia de Jessica Ziegler de Andrade com duas poetas imagistas, Amy Lowell e Hilda Doolittle, poetas que tiveram sobre sua escrita, por décadas, menos atenção que seus contemporâneos homens.

Não parece fortuito que o livro comece com um poema que se assemelha a um aforismo: *ó, Morte! / que vento penetrante/ que paisagem indecente!.* E por muitas páginas poemas aforismáticos desenvolvem uma atmosfera *arcaicontemporânea*, como conceitua Alberto Pucheu, o que marca deste projeto. Vamos a ele.

A divisão do volume em três partes já nos aponta indícios da escrita a partir da tensão entre as pulsões do corpo e aspectos imateriais da experiência humana, e tais indícios trazem características de percurso: a primeira parte, *Góos*, palavra que se constitui na segunda declinação de γόος e cuja tradução é "lamentando" ou "chorando", tematiza a experiência do luto, como se Thânatos atravessasse todos os seus poemas, instilando neles a pulsão de morte – morte representada em palavras, mimetizada e concentrada em texto. O luto é atravessado por uma voz, um oráculo que define os princípios de relação com o objeto perdido. Se a pulsão de morte é o desprendimento da libido em relação aos objetos, o desfazimento de laços que antes fundavam vigorosos empuxos de vida, os poemas que integram Góos articulam as forças que nos levam, findo o amor, a um retorno inexorável ao estado de inércia que nada tem a ver com a ausência de perturbações ou inquietações da mente que os estoicos e epicuristas pretendiam, mas com algo comparável à morte, um estado de tensão zero.

Aqui podemos pensar num contexto de luto ampliado, não circunscrito ao âmbito das relações amorosas; podemos pensar no luto de uma época de ruínas, e, fundamentalmente, o luto da utopia, da qual o luto individual é tão somente um microcosmo. Trabalhamos sobre resíduos de algo que acabou e que, se não era bom, não foi substituído por algo melhor, na captura que o neoliberalismo faz sobre corpos e consciências, com cores cada vez mais indistinguíveis do fascismo.

No entanto, a pulsão de vida nos impele a reinventar o presente, e é daí que se desdobra a segunda parte do livro, *Mergulhos*, que mobiliza uma miríade de metáforas marítimas para trazer à experiência de quem lê o trânsito entre o luto e o renascimento do gozo que não é desperdício, mas experiência primeira, como em *Sede* (*Beber do seu corpo/ o gosto noturno do céu/ E cedo ter sede de tudo*). O corpo é caminho de cura, que só quando de despoja do fardo da razão (*perder critérios/ cruzar hemisférios*) e se funda como poesia: *Em terra no ar ou no mar/ gozo que é gozo/ termina em poesia*".

Na terceira parte, *jouissance*, a principal linha de força é o corpo, e desloca o homem do lugar de *ser humano por excelência*, como pontua María Lugones em seu ensaio *Rumo a um feminismo decolonial*. O gozo não precisa mais ser oculto num poema, como em *Canção do tempo das chuvas*, de Elizabeth Bishop, em que o desejo precisa ser metaforizado, metonimizado, oculto sob véus. Aqui o gozo "cintila" e não como parte excedente, inútil. Se "*Na mulher/ todo orgasmo é noturno*", isso ocorre porque "*O orgasmo é uma luz/ escrita por dentro*", e porque "*O orgasmo é lírio/ lido ao avesso*".

Como já havia apontado a crítica marxista, as maneiras como a mulher é retratada na sociedade ocidental não só refletem os acontecimentos históricos relacionados às interações sociais e de poder em uma determinada cultura, mas também revelam aspectos fundamentais na forma como o feminino é abordado. O modo como a sexualidade é convertida em maldição afetou as mulheres ao longo da história, e é fruto de um processo de dominação e exploração – como foi corretamente apontado pela análise feminista –, ainda assim demonstra a forma sistemática de negação da realidade que o feminino representa.

A poesia de Jessica Ziegler de Andrade, nesse conjunto de poemas, vai na contracorrente desses processos, os mesmos que determinam outras opressões. Aqui, o gozo emerge como evento libertador, como insurgência política na poesia, referindo corpos de mulheres como os promotores de uma descolonização de nossas mentes. E não seria esse o gesto mais radical da poesia, o de fundar novos mundos?

Nuno Rau

PREFÁCIO

O livro *O erotismo*, do escritor francês George Bataille, tem início com a seguinte frase: *Do erotismo, é possível dizer que é a aprovação da vida até na morte*[1] . Ao longo deste ensaio, o autor procura demonstrar as relações profundas entre desejo e falta para a manutenção da vida. Explica-nos que o movimento erótico envolve uma espécie de morte do eu no outro, que promove uma superação temporária de nossa solidão fundamental. Ao nos unirmos ao outro – amorosamente, sexualmente ou misticamente –, abandonamos nossa condição individual para experimentar a continuidade. Morremos como unidade para superarmos nossa finitude.

O livro do gozo, segunda coletânea poética de Jessica Ziegler de Andrade, propõe uma educação pelo Eros e, também, uma profissão de fé. Filiando-se a Safo de Lesbos, Adília Lopes, Adélia Prado e Emily Dickinson, entre outras, a poeta realiza um estudo sobre o desejo que começa pela morte. É preciso, já de saída, entender que sem ela não há o gozo. Sem elas, talvez eu devesse dizer, pois são de tipos variados, desde a que quem deseja até a do próprio desejo.

Pelo sonho ou pelo gozo, somos agraciados com mortes temporárias, que nos aliviam e fortalecem. Afinal, é preciso esquecer um pouco o mundo para melhor suportá-lo:

Quero um plano insensato
um gozo ou um barco
para fugir do mundo

---

1   BATAILLE, Georges. *O erotismo*. Tradução e organização Fernando Scheibe. Belo Horizonte: Autêntica, 2021.

A compreensão de gozo que Jessica nos oferece é ampla, abarca diferentes âmbitos desse nosso viver orientado pela busca. Nela, por vezes, vislumbramos a sede pela palavra, por um nome cru, de sumo ainda não esgotado, com que se possa nutrir-se.

amor que chora em caixa alta
faminto
sugando o mamilo da palavra

Nesta empreitada, a poeta experimenta o texto com infidelidade, recorrendo a formas de diferentes estilos e épocas: sonetos, epigramas, versos livres, brancos, poemas longos. É próprio do êxtase a sensação de unir-se a um absoluto, e essa transcendência se configura no verso em superação de uma lógica única. Já diziam os místicos que não há linguagem que dê conta da experiência extática. A poeta, então, procura ser livre em sua busca e plantio, mas sem abandonar o empenho. Fugidio, o desejado teima em se evadir, pois onde há o desejo, há a falta.

Diz-nos a escritora canadense Anne Carson, em *Eros – o Doce--Amargo*[2], que "a palavra grega Eros denota 'querer', 'falta', desejo pelo que não está lá. Quem ama quer o que não tem". E esse querer inclui uma espécie de conhecimento. Ao desejar, o amante fantasia cria uma ficção em relação ao amado na qual o conhecido e o desconhecido são aproximados e contrastados. Esse movimento gera aprendizagem – sobre si, sobre o outro, sobre o próprio amor.

O livro do gozo é, neste sentido, pedagógico, na medida em que tece um caminho entre *Góos*, o lamento da perda, e a *jouissance*, o prazer,

---

2 CARSON, Anne. *Eros – o Doce-Amargo*. Tradução de Julia Raiz. Rio de Janeiro; Bazar do Tempo, 2022,

através de *Mergulhos* – criando uma triangulação que dissolve e repara os limites, posto que investiga, poetica e eroticamente, as distâncias e proximidades entre desejante e desejado.

Conhecer, no entanto, revela-nos a poeta, não se trata apenas de possuir, mas de perder. É preciso dar para receber, fenecer para reviver, afogar para florescer.

O orgasmo é o gemido
da boca no anzol.

E a poeta não só está disposta a isso, como reivindica a plenitude desta busca.

Diante desta coleção de poemas, muitas vezes aforísticos, somos convidados a descobrir a multiplicidade do gozo. É irresistível nomear, definir, tentar cercar. Reunidas, essas lições em versos tanto nos nutrem quanto nos desnorteiam, incitando-nos à releitura. Uma onda de versos assertivos tanto se eleva que deixa uma vaga profunda ao se retrair. Ali, nos debatemos, sedentos do leite. Neste leito, nascemos – leitores.

Aline Aimée
escritora

If you cannot be seduced by beauty,
you cannot learn the wisdom of ugliness.
Hilda Doolittle

Este livro foi escrito por uma mulher
que enterrou amores.

I. *Góos*

Morre, Citereia, delicado Adônis.
Que podemos fazer?
Safo de Lesbos

(tradução Giuliana Ragusa)

NUDEZ INESPERADA

ó, Morte!
que vento penetrante
que paisagem indecente!

O QUE CUSTA A MORRER

O que não foi
     custa a morrer

pende
suspenso

O que não foi
    é
        chão que se abriu

UM DIA, CIDADES FEMININAS 27

Há cidades um dia construídas sobre rochas,
     por onde meu pensamento vaga em sonho.
Ardentes, meus pulsos, minhas glândulas mamárias,
     agitam-se como resplandecentes cordas caídas de colunas.

A fim de ruir as ruelas tremem
     derrubando o ordenamento de um povo,
     enquanto meus seios gritam.
Um delírio começa a tomar forma no escuro.

Aguardo o milésimo em que eu finalmente toque,
     com a boca coberta de húmus, o milagroso sulco das estrelas
     sorvendo o leite enquanto cavo pelos ares um céu noturno
onde
     soerguer a minha febre.

Há destino nas correntezas de um rio impossível.
Diotima me pegando pela mão a apontar-me: Aqui! Lá!
Dandara surgida da mata a lançar-me: Agora!

Uma nuvem arenosa me engolfa.

Paraliso.
Há um rio de sangue onde mergulho minhas coxas.
Há cidades demolidas pelos atos humanos
       memórias aprimorando camadas e camadas de sal e segredos.
Há torres de madrepérola, reduzidas a pó, violentamente saqueadas.
Eu sei, porque lá estive:
Há cidades terríveis no túmulo aberto
       do coração de uma mulher.

Todo dia
o morto engole uma flor
e se cala.

IN MEMORIAM

Não se pode dar o coração a um morto
   como não se pode dar
   o pão à água.

A dor guarda o morto na beira dos olhos
         matéria afogada

Guarda

Mas é pouco
o que se pode dar
   a quem nada mais espera.

NÃO SE PODE CHEIRAR UM MORTO

Por muito que se queira não se pode cheirar um morto.

— *Acenda velas!*

Não se pode cheirar um morto sem queimar o próprio corpo.

NÃO SE PODE OLHAR UM MORTO

Eu desejaria cair na poça
febril e delicada
feito a luz bruxuleante na lama
a ter meu olhar reduzido.

Não se pode olhar um morto.

Diga-me então,
como devo
invadir as trevas?

E me responderam os outros:
Não convém amar um morto
porque os olhos viram pedras.

FLOR MEXIDA

Quero a palavra colando na sepultura
odor de coisa pisada de flor mexida
    de carne de sangue de lágrima

Quero a palavra sem nome
            partida
         despedida

EU E O MORTO

> *Quero escrever um poema irritado.*
> *Quero vingar meu sono divido*
> Olga Savary

dança estranha
a de quem se deita com um morto
(rodando eternamente)

arder-se de amor por um morto?
Pecado!

(éter na mente rodando)
eu e o morto
dançantes noite adentro

        sonho,
abafo a gaze
purulenta de vergonha
por baixo da qual escondo

eu e o morto dançantes noite adentro

embora confundida
movo meu corpo no vivo desejo
de macho mordido ungido
de orgia

FOGO NO OLHO

O choro tem ódio
   pressa
   fome

         tem fogo no olho

E sabe meu nome.

PAIXÃO

Paixão
monstro mudo
natimorto
ferida do meu corpo
cria do meu tormento
a quem ofereço alimento
com o seio doendo

CIRÚRGICO

abrir o sonho
tirar o sumo
extrair do sonho
o líquido puro

de águas turvas
e montes íngremes
trazer do sonho
seus olhos firmes

traçar um plano
cirúrgico
fazer um corte

abrir o sonho
trazer da morte
o traço vivo
no rosto humano

38 NOME

> *Repetido*
> *nos sarcófagos*
> *nas árvores   nas serpentes*
> *no impossível*
> Maria Teresa Horta

repetido em todos os cantos
escondido abstrato abafado

vivo
seu nome é grito
que nunca cessou

VENTRE

pelo
ventre
sangue

                    nada

toda palavra é letrada
em esconder uma falta

Este livro me escolheu.

II. *Mergulhos*

Preencheremos toda a brancura
Com cores e palavras miúdas
Para que a terra marrom
Nunca apareça entre nossas flores
Amy Lowell

(tradução de Jessica Ziegler de Andrade)

MAR DE MORTE E GOZO

A prece cresce riacho
nascido de choro leitoso
quem canta pesca o desejo
no mar de morte e gozo.

46 EXPLORAÇÃO

No obscuro encontro de virilhas
firmar o Tratado de Tordesilhas

MAR DE MÁRMARA

Amálgama de obra viva
meu suor, sua saliva

MERIDIANO

(Re)descubro a ilha
              bússola
(De)dos mergulhadores

SEDE

Beber do seu corpo
   o gosto noturno do céu
E cedo ter sede de tudo

PONTO EUXINO

Ó! Mar difícil, reino das Amazonas!
quebrando correntes e ondas
em línguas caucasianas cartulianas
Eu busco vocativos que me emancipem

YAWALAPITI

Se a frente é o peito
e a boca, a porta
adentra-me, índia
como um corpo
também me movo
em sua oca

> *O mar é tu morreste.*
> Ana Hatherly

Mar
    quando a vida se deita
densa e funda como a morte
    enquanto Safo tece guirlandas
de conchas brancas

    ou era Helena no poema?

Mas
    Safo descansa em Lesbos
e o mar é tudo o que trouxe
    infinito leitoso que deambula
      flui re flui escamoteia

Mar
    que leva a água que
assina o termo
em sua teia assassina

Mar
    é a onda mover
com água
seu nome na areia

A SAUDADE EM ESPUMA

Sobe pela crista mais alta
uma febre de ódio, desejo
contra a qual luto, manejo
protestando a sua falta

É tão feroz o som do embate
derramado em onda cascata
que forte tremor me assalta
sem haver quem me resgate

Cada nota que a água grita
cada gota que o vento agita
geme a dor da sua ausência

A raiva cresce em espessura
e a saudade engole a espuma
dissolvendo a transparência

VENTRE MOLHADO

Mar! Orquestra sinfônica!
sons de águas sacudidas
conchas, flores colhidas
da plantação oceânica

De forma afinada, orgânica
em serenatas longas, líquidas
derramas por notas úmidas
vasta essência botânica

Mar! Por ti o céu se esmera!
e envia em ritmo orquestrado
feixes de sol resplandecentes

E no teu ventre, órgão molhado
crescem harmônicas sementes
compondo a primavera!

MERGULHO

Mergulho
nos pântanos
com as aves afogadas

Estranho
as entranhas das aves
misturadas às escamas
prateadas dos peixes

Invejo
a secreta viagem dos musgos
pelo fundo dos cascos dos navios

Espio
o fio de esperma de um mexilhão
levado à fêmea pelo movimento do mar

Escuto
as longas antenas da lagosta
e o polvo mergulhando
tentáculos nas águas

56

Louvo
as algas autônomas
fotossintetizantes

Aplaudo
as peripécias da foca
depois desovada
na boca da orca

Devolvo
a lama do mangue
aos caranguejos
e aos camarões
de coração na cabeça

Sumo
da superfície

MAR DOS SARGAÇOS

No descampado
por onde correm
rios antigos
e braços de mar

No dorso verde-acastanhado
serpentiforme
do corpo de uma enguia

Nascido em águas quentes
marinhas
metamorfoseando
até a morte calma
no leito de um rio

Lá
     deságua o desejo.

UM GOZO É UM BARCO

Quero a fuga pelos poros
a cura pelo corpo
um mapa do absurdo

perder critérios
cruzar hemisférios

Quero um plano insensato
um gozo ou um barco
para fugir do mundo

ARAUTO DO MAR BRAVO

O arauto do mar bravo
com seu bastão ereto
velejava enquanto me dizia:

Em terra no ar ou no mar
gozo que é gozo
termina em poesia

Este livro me escorreu.

III. *jouissance*

Perhaps I asked too large —
I take — no less than skies—
Emily Dickinson

É claro que Nova York não se compara
com um orgasmo.
Um orgasmo é muito mais importante
Adília Lopes

AÍNIGMA (A PALAVRA)

Palavra de tripla faceta
envolta em pólvora, algodão e seda

Assusta o poema a palavra boceta

O ORGASMO CINTILA

O orgasmo é uma asa
vibrando até o lume

O orgasmo é uma luz
escrita para dentro

Na mulher
todo orgasmo é noturno

O ORGASMO PULSA

O orgasmo imita a pulsação
de uma estrela
O gozo é um batimento cósmico

68   ORVALHO E GOZO

Gozar é liquefazer o desejo
molhar de orvalho
a cabeça de um anjo

O ORGASMO PELO RIO

O orgasmo é descer pelo rio
em manhá de chuva

Na margem nua
o corpo em fluxo
vira   rebento

NO PRINCÍPIO ERA...

O orgasmo é a dúvida primeva

Quando goza
a mulher se lava

Será que ela
se eleva à Eva?

ORGASMO LÍRICO

O orgasmo é colher um lírio
em um livro

Não!
O orgasmo é o lírio
lido ao avesso

GOZO EM ESPIRAL

O gozo é um redemoinho
à procura do rio

Quase!
o gozo é a procura.

Suba!
suba os meus degraus
e me liberte!

(O orgasmo é bater à porta).

O ORGASMO SEGUNDO AS TUPINAMBÁS

Talvez tenham dito as Tupinambás:

O orgasmo é mover quadris
para falar das marés.

NO OLHO DE VÊNUS

O orgasmo é acender o rosto
      de Vênus
Gozar é sonhar
sonhar pelo ânus.

GOZOS NAS ALTURAS

O orgasmo é tocar uma
rosa
com a ponta de um
relâmpago

O orgasmo é uma doce queimadura
(Ó, céus, quero gozar como uma deusa!)

O GOZO É ABERTO

O gozo é um aberto
onde pode correr o vento

Shiii!
é o vento

(*ou* mediar vida e morte
no centro de um crisântemo)!

78   O LEITE

O orgasmo é um seio levado à boca
prova de fome
de afeto e substância

TESTEMUNHO DO GOZO

A mulher que grita no gozo
prolonga a saúde

O orgasmo é um testemunho foda.

ORGASMO E SUSTO

O orgasmo é um choque
que expande a consciência

quem toma orgasmo
por indecência
não se engasga
engana-se.

ORGASMO FORA DE ÓRBITA

O orgasmo é uma faísca de sorte
que abrasa o poema

Gozar é medir alturas.

GOZOS PELOS ARES

O gozo é um invento
que radar não captura

Gozar é criar soltura.

ORGASMO E SOPRO

O orgasmo é um sopro
colhido à mão

O orgasmo é um soco
de lucidez

Quem goza não cala o revés.

ORGASMO DA DEUSA

O orgasmo da deusa
é um adeus

A pequena morte, disse a musa
é um golpe de sorte.

ORGASMO PRIMORDIAL

O orgasmo é o elemento primordial

Nem carne nem peixe
nem terra nem água
nem lua nem sol

O orgasmo é o gemido
da boca no anzol.

86 O FRUTO GOZO

O gozo é a fruta
caída de madura
ao pé de um precipício.

O ORGASMO É RARO

Um orgasmo é muito raro
e bem maior do a que minha vida.

88   DEVO O MUNDO AO GOZO

E devo tudo ao orgasmo
que ainda não veio

Gozar é não saber acabar de morrer.

OUTRA VEZ A MORDIDA

Sorvo o sulco grosso
o vinho denso

sou o cáo
náo largo o osso

quero outra vez a mordida
na fruta pisada
    lembrança

ENTRADA CÓSMICA

Pela janela a noite avança
a estrela arde tão perto...
como beber o desejo?

e a resposta não sabe
a *palavra*
mas cabe entre as minhas pernas

TENTAÇÃO

> *Virgem, Porta do Céu, em meu favor,*
> *pisa com teu pé de menina*
> *a cabeça de cobra que ele tem,*
> *me livra da tentação*
> *de sofrer mais do que Deus*
> Adélia Prado

Adélia, Adília
alguém me explica
          amor sagrado?

Em que milho devo ajoelhar a vergonha?
Em que fonte posso afogar o fogo?

Confesso com tristeza
ainda que pouco pareça
também escrevo para me casar

AO FRUTO

respirar até a vertigem
a abertura de flor
meditar sobre a origem
condutora do suor
sem freios
nem preconceitos
provar do pólen
descer ao fruto
lamber a planta
até o caule

INCONTINENTE

Então me nutro das tetas dos
poetas pensados no meu seio
Ana Cristina César

I.

Se há uma forma
de dizer   *quero*
decerto a forma
pouco tem de gráfica
antes
sombra que não amolda
nada
nem pode conter
a força máxima
onda-*Kháos*
que vem com pressa
e tudo
arrasta para o seu leito
borbulhante de desejo

II.

No signo mora
a letra esvaziada

Se há uma forma de falar   *quero*
a forma se forma
sem palavra

Um jeito mudo de dizer amor
por movimento primário
pelo seio pela boca
amor que é medo
ao contrário
escorre para dentro
tenta o leite
tem a falta
amor que chora em caixa alta
faminto
sugando o mamilo da palavra

BRINQUEDO

Poema corpóreo sobre-
humano   arte-
fato de sonho
Poema em alto relevo
        gozo
gozo
gozo primevo
mistura
brinquedo e desejo

OU ME IMPORTO

Em ti me escondo
Em ti me perco

E não me importo se me mordes
se me feres se me invades
se me abres ao meio

Por ti me assombro
Por ti me atrevo

Ou me importo e grito
meu desejo vem primeiro!

PARTO DE RISCO

Viver no poema dói
do lado de fora
é um parto de risco

UMA LUA VERMELHA PARA HERBERTO HELDER

Para cantares eu tenho
estas coxas roxas
à espera, quem sabe quando, da poesia!

Não, ela disse,
não nasci poeta

Despiu a camisola
e disse com ternura:

— Humildemente agora eu só trouxe a lua.

ANELAR

No fundo da noite
dedilhar a lua
fazer do quarto
espaço violáceo

MAMELOUCA

meu desejo é travessia
desgrudar a sola do chão
deslocar a palavra
descolar os lábios
de uma margem
a outra da boca
dar um salto em tenetehára
em *ze'egete*: a língua boa
laçar a onça em extinção
dar uma de louca
abrir a torneira
aguar em guajajara
plantar bananeira
plantar macaxeira
acender a vela
fazer fogueira
gemer por um triz
mais uma vez
dar ao verso o precipício
o fluxo proibido
o estrondo
o gozo

manas poetas, vamos fingir!

balbucio contrarrazões
invento senões
inflo a bochecha
estalo os dedos
bebo soluços
ergo a caneta
pinto a cara
na marra
deixo o rio afogar a pedra
lavando a palavra dura
domando a palavra fera
eu posso
já era!
insisto em dialeto
força anciã
visto a nudez
mais uma vez
se pedra é túmulo
quem cala não mente
o tempo não é real mesmo presente
é sempre o fluxo que nos leva, Iracema
o desejo que devora, Odara
o rio que nos cobre, Dandara

o abismo que assombra
a ganância que condena
coivara é cultivo que sustenta
a floresta resiste de pé
vou na coragem de Tereza do Quariterê
ver como é nascer em Benguela
remar contra a correnteza
trocar minhas armas
desatar minhas cordas
içar minhas velas
hastear a bandeira
disparar mil flechas
molhar minha voz
moldar o barro
soltar o verbo
pedra é passado
o verso flutua agora
pulsante em veias multilíngues
pelas águas do pantanal
do meu quintal
do rio Amazonas
do suor no vão dos seios
do córrego vivo entre as coxas
por todos os meios
escuto do corpo

a pressa
o sangue confessa
— *que linguagem é essa?*
como me arde a língua amante!
como me custa a mão dormente!
como é urgente minha coragem!
vamos fugir de canoa
escrever como quem voa
fico aqui sem fim
o parlamento sou eu!
mesmo muda
ainda sinto em tupi
o ritmo jocoso do sangue
jorrando em mim
este poema pode ser louco
indecentemente
inocente
mas eu persigo a travessia
e meu desejo, mulher
não mente!

ENTRE MERGULHOS E GOZOS ENCONTRAMOS RENASCIMENTOS

Que graça significativa *O livro do gozo* de Jessica Ziegler produz em nosso sentir. O gozo sentido de forma sublime como renascimento é a "nudez inesperada", contemplada na vida em sua unidade. Um tipo de prazer que incrivelmente retira a roupa fantasiosa de toda dualidade. Encontros e renascimentos por meio do gozo.

Os poemas de Jessica Ziegler acendem as velas que recriam olhares diversos sobre temas conhecidos como a morte, as profundezas e o prazer. Nos convidam a verificar a realidade aberta através das palavras e dos conceitos comuns. Nos convocam a dançar noite adentro no sonho cirúrgico de traçar planos no rosto humano.

O humano nos poemas viscerais de Ziegler deve ser bebido como gosto noturno do céu de quem se permite sentir a sede do deserto de existir em simbiose sua condição faminta de ser. Se a vida pode ser comparada ao mar e os mergulhos ao mais profundo da qualidade humana, então deixemos que o mar seja a "onda mover com água seu nome na areia".

Mergulhar nos poemas de Jessica Ziegler é sentir o prazer como o gozo em todas as suas dimensões. O orgasmo de sentir a embriaguez e o encanto de viver tudo em todos os momentos: na vibração, na noite luminosa, no pulsar mais singelo, nos desejos, em fluidez, nos avessos, na experiência de um redemoinho que tudo leva e ao mesmo tempo liberta os apegos que aprisionam. Afinal, gozar é sonhar em morrer para renascer do prazer de viver essa expressão de unidade aberta por "onde pode correr o vento".

Se viver é gozar diariamente no corpo em todas as suas expressões, Jessica Ziegler está certa em afirmar poeticamente que "o orgasmo é um testemunho foda". Em O livro do gozo encontramos o estímulo para celebrar a vida em toda sua expressão orgástica, isto é, o mais alto grau de satisfação através dos poemas que contemplam o que falam as coisas através do próprio corpo.

Milene Costa
filósofa, teóloga e cientista da religião

CARA LEITORA, CARO LEITOR

A **Cachalote** é um selo do grupo editorial **Aboio** criado em parceria com a **Lavoura Editorial**.

Lemos, selecionamos e editamos com muito cuidado e carinho cada um dos livros do nosso catálogo, buscando respeitar e favorecer o trabalho dos autores, de um lado, e entregar a vocês, leitores, uma experiência literária instigante.

Nada disso, portanto, faria sentido sem a confiança que os leitores depositam no nosso trabalho. E é por isso que convidamos vocês a fazerem cada vez mais parte do nosso oceano!

Todas as apoiadoras e apoiadores das pré-vendas da **Cachalote:**

— têm o nome impresso nos agradecimentos dos livros;
— recebem 10% de desconto para a próxima compra de qualquer título do grupo Aboio.

Conheçam nossos livros e autores pelos portais **cachalote.net** e **aboio.com.br** e siga nossos perfis nas redes sociais. Teremos prazer em dividir com vocês todos nossos projetos e novidades e, é claro, ouvir suas impressões para sempre aprendermos como melhorar!

Embarque e nade com a gente.

Cada livro é um mergulho que precisa emergir.

APOIADORAS E APOIADORES

Agradecemos às 146 pessoas que apoiaram nossa pré-venda e confiaram no trabalho feito pela equipe da **Cachalote**.

Sem vocês, este livro não seria o mesmo.

A todos os que escolheram mergulhar com a gente em busca de vozes diversas da literatura brasileira contemporânea, nosso abraço. E um convite: continuem acompanhando a **Cachalote** e conheçam nosso catálogo!

Adriane Figueira Batista
Alexander Hochiminh
Aline Aimée C. de Oliveira
Allan Gomes de Lorena
André Balbo
André Costa Lucena
André Pimenta Mota
Andreas Chamorro
Andressa Anderson
Anthony Almeida
Antonio Pokrywiecki
Arthur Lungov
Bianca Monteiro Garcia
Caco Ishak
Caio Balaio
Caio Girão
Calebe Guerra

Camilo Gomide
Carla Guerson
Carolina Ziegler
Cecília Garcia
Cintia Brasileiro
Clara Cazarini
claudine delgado
Cleber da Silva Luz
Cleon Bassani Ribas
Cristina Machado
Daniel Dago
Daniel Dourado
Daniel Giotti
Daniel Guinezi
Daniel Leite
Daniela Rosolen
Danilo Brandao

Davi Pinho
Denise Lucena Cavalcante
Denise Marinho Cardoso
Dheyne de Souza
Diogo Cronemberger
Diogo Mizael Motta Teodoro
Eduardo Henrique Valmobida
Eduardo Rosal
Enzo Vignone
Fábio José da Silva Franco
Febraro de Oliveira
Flávia Braz
Flávio Ilha
Fracynaldo Jales
Francesca Cricelli
Frederico da Cruz V. de Souza
Gabo dos livros
Gabriel Cruz Lima
Gabriel Leibold Leite Pinto
Gabriel Stroka Ceballos
Gabriela Machado Scafuri
Gael Rodrigues
Giselle Bohn
Guilherme Belopede
Guilherme da Silva Braga
Gustavo Bechtold
Henrique Emanuel
Henrique Lederman Barreto
Henrique Ribeiro de A. Filho

Isabela Pereira Eziliani
Jadson Rocha
Jailton Moreira
Jefferson Dias
Jheferson Rodrigues Neves
João Luís Nogueira
Jorge Reis de Vasconcellos Sandes
José Bezerra de Sousa
José Maria Soares
Júlia Gamarano
Júlia Vita
Juliana Costa Cunha
Juliana dos Santos Gelmini
Juliana Slatiner
Júlio César Bernardes Santos
Kátia de Souza Nascimento
Laís Araruna de Aquino
Laura Redfern Navarro
Leitor Albino
Leonardo Pinto Silva
Leonardo Zeine
Lili Buarque
Lolita Beretta
Lorenzo Cavalcante
Lourdes da Conceição G. C.
Lucas Ferreira
Lucas Lazzaretti
Lucas Verzola
Luciano Cavalcante Filho

Luciano Dutra
Luis Felipe Abreu
Luísa Machado
Luzia de Souza Rocha
Manoela Machado Scafuri
Marcela Roldão
Marciel Dourado Franca
Marco Bardelli
Marcos Vinícius Almeida
Marcos Vitor Prado de Góes
Maria Cristina Wilches Ziegler
Maria de F. G. A. Lisboa
Maria Elvira Ziegler
Maria F. V. de Almeida
Maria Inez Frota Porto Queiroz
Mariana Donner
Mariana F. V. de Andrade
Mariana Figueiredo Pereira
Marina Lourenço
Mateus Magalhães
Mateus Torres Penedo Naves
Matheus Picanço Nunes
Mauro Paz
Milena Martins Moura
Minska
Natalia Timerman
Natália Zuccala
Natan Schäfer
Otto Leopoldo Winck

Patricia Marouvo Fagundes
Paula Maria
Paulo Scott
Pedro Torreão
Pietro Augusto Gubel Portugal
Priscila Campos
Rafael Mussolini Silvestre
Renata Magliano Marins
Ricardo Kaate Lima
Ricardo Mendes Lima
Rodrigo Barreto de Menezes
Samara Belchior da Silva
Sebo Pura Poesia
Sergio Luiz Gonçalves Batista
Sergio Mello
Sérgio Porto
Suzi Pessanha Rangel Batista
Thais Fernanda de Lorena
Thassio Gonçalves Ferreira
Thayná Facó
Tiago Moralles
Valdir Marte
Vinicius Cardona Franca
Wanderson Almenara
Weslley Silva Ferreira
Yvonne Miller

EDIÇÃO André Balbo

ASSISTENTE DE EDIÇÃO Nelson Nepomuceno

REVISÃO Veneranda Fresconi

COMUNICAÇÃO Thayná Facó

CAPA E PROJETO GRÁFICO Leopoldo Cavalcante

APRESENTAÇÃO Nuno Rau

PREFÁCIO Aline Aimée

POSFÁCIO Milene Costa

© da edição Cachalote, 2024
© do texto Jessica Ziegler de Andrade, 2024

Todos os direitos reservados. Nenhuma parte desta obra pode ser reproduzida, arquivada ou transmitida de nenhuma forma ou por nenhum meio sem a permissão expressa e por escrito da Aboio.

Grafia atualizada segundo o Acordo Ortográfico da Língua Portuguesa de 1990, que entrou em vigor no Brasil em 2009.

Dados Internacionais de Catalogação na Publicação (CIP)
Eliane de Freitas Leite — Bibliotecária — CRB-8/8415

Andrade, Jessica Ziegler de
   O livro do Gozo / Jessica Ziegler de Andrade
   -- São Paulo : Cachalote, 2024.

   ISBN 978-65-83003-02-7

   1. Poesia brasileira I. Título

24-207893   CDD-869.1

Índices para catálogo sistemático:
1. Poesia : Literatura Brasileira

[2024]

Todos os direitos desta edição reservados à:
ABOIO EDITORA LTDA
São Paulo — SP
(11) 91580-3133
www.aboio.com.br
instagram.com/aboioeditora/
facebook.com/aboioeditora/

[Primeira edição, junho de 2024]

Esta obra foi composta em Adobe Garamond Pro.
O miolo está no papel Pólen® Natural 80g/m².
A tiragem desta edição foi de 150 exemplares.
Impressão pelas Gráficas Loyola (SP/SP)

A marca FSC® é a garantia de que a madeira utilizada na fabricação do papel deste livro provém de florestas que foram gerenciadas de maneira ambientalmente correta, socialmente justa e economicamente viável, além de outras fontes de origem controlada.